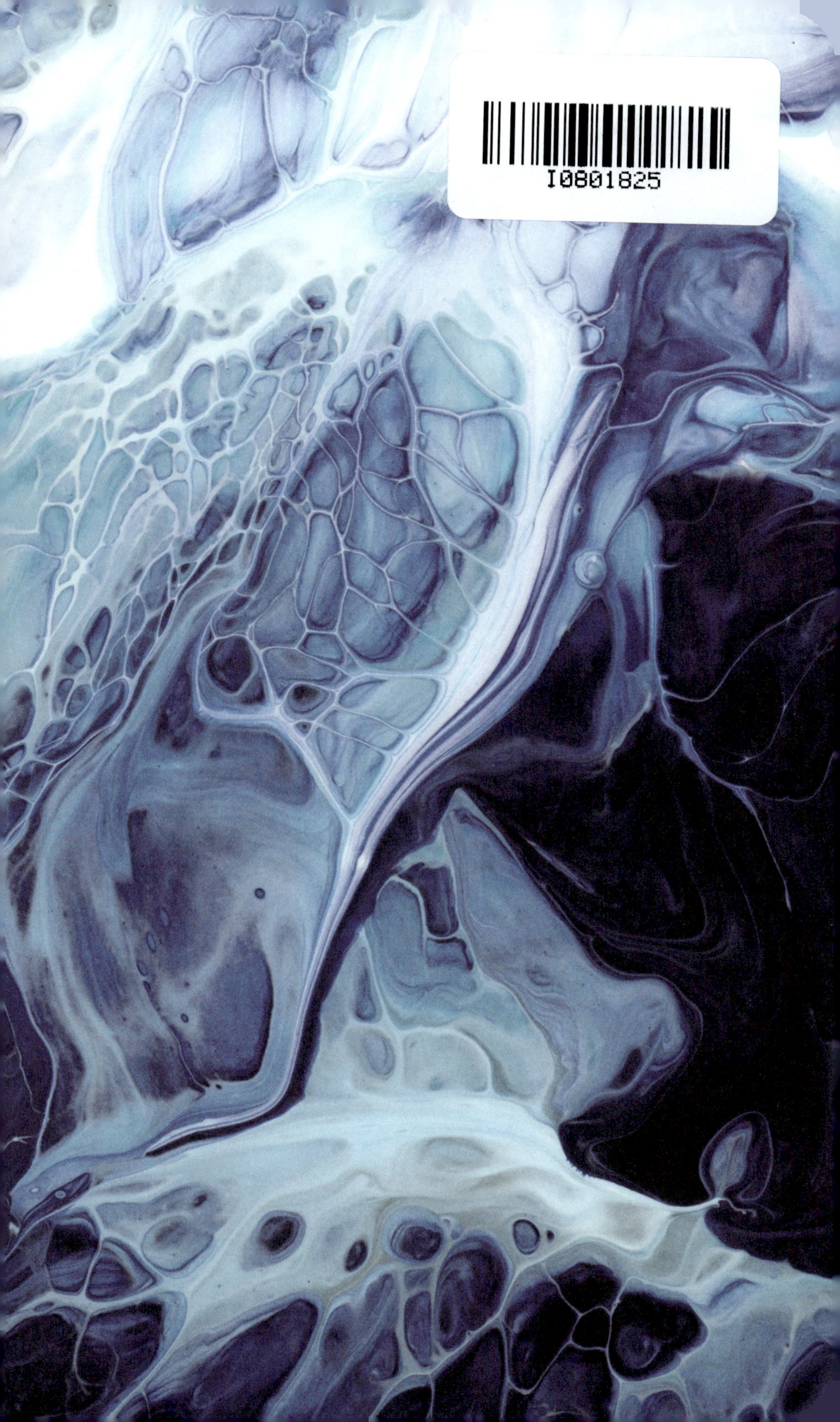

# DIARIO DE ROMPIMIENTO SOBRENATURAL

JUAN 14:12

# DIARIO DE ROMPIMIENTO SOBRENATURAL

JUAN 14:12

AQUELLOS QUE CREEN
MAYORES OBRAS HARÁN.

WHITAKER HOUSE
Español

*Este* Diario de rompimiento sobrenatural *pertenece a:*

________________________________________

# EL LUGAR SECRETO: UN LUGAR DE ROMPIMIENTO SOBRENATURAL

La presencia de Dios nos es manifestada en el lugar secreto de oración, donde llegamos a conocer a nuestro Padre celestial. Cuando oramos, Dios se revela a sí mismo a nosotros, y somos atraídos a Él de maneras aún mayores. Él nos sitúa bajo Su cuidado como Su especial tesoro y parte de Su propio corazón.

El resultado es que *la oración en la presencia de Dios genera poder*. Cuando alguien ora en el lugar secreto, es empoderado para ir y derramar ese poder sobre otras personas para sanidad, liberación y milagros. Aunque el poder es nuestra herencia como hijos de Dios, sólo podemos utilizarlo legalmente, en un sentido espiritual, mediante la oración que es parte de una relación íntima con el Padre.

A muchas personas se les está impidiendo conocer a Dios y tener acceso a Su presencia y Su poder por una razón: nunca han desarrollado una vida de oración regular y consistente. Cuando cesa la continuidad en la oración, el ímpetu en el Espíritu queda detenido. Pero cuando oramos continuamente, generamos un ímpetu que produce una "acumulación" de oración en el Espíritu que se acumula hasta el punto de rompimiento y victoria.

Este *Diario de rompimiento espiritual* será una bendición tremenda para usted ayudándole a establecer un estilo de vida que camina continuamente en la presencia de Dios, moviéndose con valentía en lo sobrenatural y llevando transformación a su vida y al mundo que le rodea. Dios responde las oraciones de todo aquel que ora según Su voluntad. Nunca se permita ser desalentado si las respuestas a sus oraciones no se han manifestado aún. Siga orando, siga obedeciendo, siga profundizando su fe y su confianza, y siga acumulando ímpetu, ¡hasta que logre una acumulación de oraciones que arranque su rompimiento!

A través de este diario encontrará verdades y principios espirituales de rompimiento extraídos de varios de mis libros, con oraciones y versículos correspondientes. Utilícelos como un punto de comienzo cada día para entrar en la presencia de Dios, desafiar su fe, y operar en la esfera del Espíritu mientras avanza de lo natural a lo sobrenatural. Anote en estas páginas sus oraciones personales, revelaciones y rompimientos espirituales. ¡Que sean un testimonio del gran amor y poder de Dios!

Cada día, cuando ore, recuerde enfocarse en las prioridades de Dios: lo que Él dice en Su Palabra sobre sus grandes propósitos para el mundo, concretamente en estos últimos tiempos trascendentales. Sus prioridades son que Su reino sea manifestado en la tierra como en el cielo; que las personas sean salvas, llenas de Su Espíritu, sanadas, liberadas y comisionadas para llevar el evangelio por todo el mundo; que milagros, señales y maravillas sean demostrados por Su pueblo, confirmando la realidad del evangelio del reino; que familias sean reconciliadas y vivan unidas en amor y paz; que las naciones reconozcan Su nombre; que Su iglesia sea santificada como la esposa de Cristo; y que la tierra "[sea llena] *del conocimiento de la gloria de Jehová como las aguas cubren el mar*" (Habacuc 2:14).

Dios quiere que usted tenga un papel en estos grandes propósitos. Jesús nos ha llamado a continuar su ministerio en la tierra, diciendo: "*Ciertamente les aseguro que el que cree en mí las obras que yo hago también él las hará, y aun las hará mayores, porque yo vuelvo al Padre*" (Juan 14:12 NVI). Aquellos que creen mayores obras harán. Todo comienza en la presencia de Dios: rindiéndose a Su voluntad, siendo lleno con Su Espíritu, ejercitando la fe que Él le ha dado, y obedeciendo Su guía. Declaro que notables rompimientos y demostraciones sobrenaturales serán manifestados por medio de su vida, ¡y que usted llenará estas páginas con testimonios y alabanzas para la gloria de Dios!

**Toda oración comienza cuando reconocemos que estamos en la presencia de Dios. Empezamos por reconocer Su existencia y cualidades. Esta es la regla de oro de la oración.**

*Santo, santo, santo es el Señor Dios Todopoderoso, el que era y que es y que ha de venir.* (Apocalipsis 4:8 NVI)

*El* SEÑOR *es clemente y compasivo, lento para la ira y grande en amor.* (Salmos 145:8 NVI)

“**Una relación verdadera con Dios surge de un amor que nace en el corazón y que se rinde por completo al Amado.**”

*Amarás al Señor tu Dios con todo tu corazón, y con toda tu alma, y con toda tu mente.* (Mateo 22:37)

> **“La oración es el camino a través del cual se mueve lo sobrenatural. Para que la iglesia continúe siendo sobrenatural, debe mantener una vida de oración, cumpliendo su propósito como ‘casa de oración’.”**

*Porque mi casa será llamada casa de oración para todos los pueblos.*
(Isaías 56:7)

**El nivel más alto de oración ocurre cuando un creyente se convierte en casa de oración.**

Padre, en el nombre de Jesús, Te pido que me des espíritu de oración, pasión por estar en Tu presencia y ser una casa de oración. Recibo Tu gracia y el poder del Espíritu Santo para orar Tu perfecta voluntad, para que así Tu presencia fluya en Tu iglesia, para sanar, hacer milagros y liberar a Tu pueblo de opresión demoniaca, ataduras negativas del alma y falta de perdón. A partir de hoy, en el nombre de Jesús y en el poder del Espíritu Santo, seré una casa de oración. Amén.

**"Si queremos experimentar una adoración profunda necesitamos una alabanza vibrante. Sólo así veremos la gloria de Dios manifestada."**

*Y siempre que aquellos seres vivientes dan gloria y honra y acción de gracias al que está sentado en el trono, al que vive por los siglos de los siglos, los veinticuatro ancianos se postran delante del que está sentado en el trono, y adoran al que vive por los siglos de los siglos, y echan sus coronas delante del trono, diciendo: Señor, digno eres de recibir la gloria y la honra y el poder; porque tú creaste todas las cosas, y por tu voluntad existen y fueron creadas.* (Apocalipsis 4:9–11)

**En adoración, cuando exaltamos la obra terminada de Cristo en la cruz, honramos el nombre de Dios y exaltamos su gloria y majestad; y Él trae su poder y presencia en medio de nosotros, aquí y ahora.**

[Los discípulos oraron:] *Señor,... concede a tus siervos que con todo denuedo hablen tu palabra, mientras extiendes tu mano para que se hagan sanidades y señales y prodigios mediante el nombre de tu santo Hijo Jesús. Cuando hubieron orado, el lugar en que estaban congregados tembló; y todos fueron llenos del Espíritu Santo, y hablaban con denuedo la palabra de Dios.* (Hechos 4:29–31)

“La adoración establece la atmósfera divina en la tierra.”

[En la dedicación del templo, el Rey Salomón dijo:] *"Señor, Dios de Israel, no hay Dios como tú en el cielo ni en la tierra, pues tú cumples tu pacto de amor con quienes te sirven y te siguen de todo corazón...". Cuando Salomón terminó de orar, descendió fuego del cielo y consumió el holocausto y los sacrificios, y la gloria del Señor llenó el templo. Tan lleno de su gloria estaba el templo que los sacerdotes no podían entrar en él.* (2 Crónicas 6:14; 7:1–2 NVI)

**“En la gloria de Dios, toda necesidad es suplida. Nuestra prioridad debe ser buscar su gloria; entonces las señales nos seguirán.”**

### Una oración y declaración del Apóstol Maldonado:

Padre celestial, oro por este estimado creyente, Te pido que le abras los ojos del entendimiento y lo ilumines con el espíritu de sabiduría y revelación, para que pueda entender los misterios de Tu gloria. Te pido que le confirmes esta revelación, manifestándote sobrenaturalmente en su vida, ¡ahora! Si está enfermo, Te pido que lo sanes. Si está sufriendo de depresión o está emocionalmente oprimido, Te pido que lo liberes. Si necesita un milagro creativo, Te pido que lo reciba ahora mismo. Manifiéstate en Su vida con milagros de provisión sobrenatural. Y para aquellos que anhelan ser transformados y entrar en una mayor dimensión de gloria, desato Tu presencia sobre ellos, ¡ahora mismo! Manifiéstate como el Cristo viviente y resucitado. Creo con todo mi corazón que lo harás. ¡En el nombre de Jesús, amén!

**“La prueba de que estamos orando en la presencia de Dios es que nos convertimos en portadores de Su presencia. El poder de Dios que usted carga siempre será directamente proporcional a su vida de oración.”**

*Mas él [Jesús] se apartaba a lugares desiertos, y oraba. Aconteció un día, que él estaba enseñando, y estaban sentados los fariseos y doctores* [maestros] *de la ley, los cuales habían venido de todas las aldeas de Galilea, y de Judea y Jerusalén; y el poder del Señor estaba con él para sanar.*

(Lucas 5:16–17)

**“Los ingredientes en la atmósfera de gloria son la oración continua, las ofrendas, la intercesión, la alabanza, la adoración, la obediencia y el honor.”**

*Dad a Jehová la honra debida a su nombre; traed ofrenda, y venid delante de él; postraos delante de Jehová en la hermosura de la santidad.*

(1 Crónicas 16:29)

**“La alabanza alta y espontánea da a luz rompimientos sobrenaturales.”**

*Y perseverando unánimes cada día en el templo, y partiendo el pan en las casas, comían juntos con alegría y sencillez de corazón, alabando a Dios, y teniendo favor con todo el pueblo. Y el Señor añadía cada día a la iglesia los que habían de ser salvos.* (Hechos 2:46–47)

**La evidencia de un encuentro sobrenatural con el Espíritu Santo es la pérdida de conciencia de uno mismo y un mayor deseo por la presencia de Dios.**

*¿A quién tengo yo en los cielos sino a ti? Y fuera de ti nada deseo en la tierra. Mi carne y mi corazón desfallecen; mas la roca de mi corazón y mi porción es Dios para siempre.* (Salmos 73:25–26)

**"Si aún no hemos experimentado rompimiento en un área de necesidad, puede que nos falte hambre y sed de Dios. Donde no hay hambre y sed de Dios, el Señor no tiene con qué trabajar."**

*Como el ciervo brama por las corrientes de las aguas, así clama por ti, oh Dios, el alma mía. Mi alma tiene sed de Dios, del Dios vivo.*

(Salmos 42:1–2)

**Nuestro verdadero arrepentimiento siempre nos devuelve a la presencia de Dios.**

*Los sacrificios de Dios son el espíritu quebrantado; al corazón contrito y humillado no despreciarás tú, oh Dios.* (Salmos 51:17)

## Oración por salvación

Si reconoce que necesita que Dios cambie su corazón y está dispuesto a rendirle su vida por completo, haga la siguiente oración. Confíe en que Dios le ayudará a entregarle todas las áreas de su ser para que Él lo transforme, porque *"el que los llama es fiel, y así lo hará"* (1 Tesalonicenses 5:24 NVI).

> Padre celestial, yo reconozco que soy un pecador y que mi pecado me separa de Ti. Mi corazón necesita la transformación que sólo Tú puedes lograr. Yo creo que Jesús murió en la cruz por mí y que Tú lo levantaste de entre los muertos. Confieso con mi boca que Jesús es el Señor. Me arrepiento de todos mis pecados y rompo todo pacto maligno con el mundo, con mi naturaleza pecaminosa y con el diablo. Ahora, hago un nuevo pacto de justicia con Jesús; y le pido que entre a mi corazón y cambie mi vida, llenándome con el Espíritu Santo. Si hoy muriera, sé que al abrir mis ojos en la eternidad estaré en Tu presencia. En el nombre de Jesús, ¡amén y amén!

**Cuando el Espíritu Santo se manifiesta, hay vida, y lo que estaba muerto resucita.**

Padre celestial, desde hoy en adelante, me entrego a Ti y Te pido que gobiernes sobre mí y que vivas Tu vida a través de mí. Resucita mi vida, visión, sueños, salud y finanzas. Soy sano y libre. Recibo un milagro creativo, ¡ahora mismo! Jesús, Te adoro porque lo imposible se ha hecho posible por medio de Tu resurrección. Ahora soy capaz de ejercer dominio y gobernar sobre el enemigo en el territorio que me has dado. Gracias por hacerme heredero, juntamente contigo de las bendiciones de Dios. En el nombre de Jesús, amén.

**“‘Padre,... ¡Tú siempre me oyes’! (Vea Juan 11:41–42). Ese es el nivel de oración que podemos alcanzar si continuamente vivimos en justicia.”**

*Mas tú, cuando ores, entra en tu aposento, y cerrada la puerta, ora a tu Padre que está en secreto; y tu Padre que ve en lo secreto te recompensará en público.* (Mateo 6:6)

**“Cuando oramos con la Palabra, estamos orando la voluntad de Dios. Cuando Su Palabra es la sustancia de nuestras oraciones, y tenemos buena relación con Él, eso lo compromete a respondernos.”**

*Así será mi palabra que sale de mi boca; no volverá a mí vacía, sino que hará lo que yo quiero, y será prosperada en aquello para que la envié.* (Isaías 55:11)

"Cuando dejamos de orar continuamente, el impulso en el Espíritu se detiene. Para que un rompimiento venga sobre un pueblo o nación, es necesario acumular oración."

**Una oración y declaración del Apóstol Maldonado:**

Amado Padre celestial, ahora mismo, yo desato Tu gracia sobrenatural sobre estos creyentes, para que puedan perseverar en oración hasta que vean su rompimiento. Declaro que todo espíritu de demora ha sido derrotado, y que Tu poder se ha desatado sobre ellos, para que vean el cumplimiento de Tu voluntad en la tierra, con sanidades, milagros, señales y prodigios.

¡Reciba este rompimiento ahora, en el nombre de Jesús! Y cuando lo haya recibido, siga rodeándolo en oración para que nunca lo pierda.

**La fe es el punto de partida para moverse en lo sobrenatural. Todo lo que Dios hace a través de usted, comienza en la fe.**

*Sin fe es imposible agradar a Dios; porque es necesario que el que se acerca a Dios crea que le hay, y que es galardonador de los que le buscan.* (Hebreos 11:6)

## Oración para liberación del espíritu de incredulidad

Confiese esta oración a diario, hasta que cada raíz del espíritu de incredulidad sea arrancada de su corazón y desechada:

Padre celestial, gracias por abrir mis ojos espirituales y por permitirme ver la incredulidad que hay en mi corazón. Te alabo y Te bendigo por enseñarme cómo ser libre de esta rebeldía contra Ti y de resistirme a Tu voluntad. En Cristo, y con todo mi corazón, Te pido que me perdones por haber permitido que mi razón e intelecto humanos limitados me hicieran dudar de Ti y de Tus promesas, y por haber dejado que el espíritu de incredulidad entrara a mi vida. Perdóname por hacer de mi mente un "dios". Ahora mismo, renuncio al espíritu malo de incredulidad y, en el nombre de Jesús le ordeno que se vaya de mi vida.

Señor, Te pido que a través del Espíritu Santo desates en mí el "espíritu de fe". "Bautízame" en la fe para creer en cada porción de Tu Palabra que antes me resultaba difícil aceptar y recibir, ¡y para creer por cosas mayores! Yo recibo Tu fe ahora mismo. Ayúdame a guardar mi mente y mi corazón, y no permitir que la incredulidad entre allí. Declaro que todo lo que estaba retenido en mi vida, debido a la incredulidad, ahora es liberado. Recibo mi [salvación, sanidad, liberación, provisión financiera, restauración familiar u otras bendiciones], en el nombre de Jesús. ¡Amén! (Vea 2 Corintios 4:13).

> ***Logos* es donde nuestra fe está establecida, pero *rhéma* es donde nuestra fe es activada. Para demostrar el poder de Dios, necesitamos revelación de la Palabra en el ahora.**

Padre, dame una nueva revelación para ir a otra dimensión de fe. Conéctame con hombres que puedan desatar esa revelación para ir a esta nueva dimensión de fe; y de esta manera que pueda ir a bendecir a otros, a orar por los enfermos y por todos los que necesitan un toque de Tu poder sobrenatural. En el nombre de Jesús, amén.

**“‘La fe es ahora’ es el principio para recibir un milagro.”**

[Jesús dijo:] *"Por eso les digo: Crean que ya han recibido todo lo que estén pidiendo en oración, y lo obtendrán."* (Marcos 11:24 NVI)

**"La cruz es la base de Dios para una total y absoluta provisión al ser humano."**

*Porque ya conocéis la gracia de nuestro Señor Jesucristo, que por amor a vosotros se hizo pobre, siendo rico, para que vosotros con su pobreza fueseis enriquecidos.* (2 Corintios 8:9)

**“El poder y la autoridad espiritual se obtienen cuando nos sometemos al señorío de Cristo.”**

*Yo soy la vid, vosotros los pámpanos; el que permanece en mí, y yo en él, éste lleva mucho fruto; porque separados de mí nada podéis hacer.*

(Juan 15:5)

**“La rendición de nuestra vida a Dios es continua y progresiva.”**

Señor, voluntariamente, yo crucifico mi carne y me niego a mí mismo. Tomo mi cruz y Te sigo. Declaro que el "viejo hombre" no controla más mi vida. Someto mi carne a la obra terminada de Jesús en la cruz, y recibo Su gracia para vivir rectamente delante de Ti. Hoy escojo ceder el lugar a Tu Espíritu en lugar de mi naturaleza carnal. Todo lo oro en el nombre de Jesucristo, amén.

**El propósito del señorío de Jesús sobre nosotros es transformar nuestro corazón, para que pueda manifestar Su vida a través de nosotros.**

*Con Cristo estoy juntamente crucificado, y ya no vivo yo, mas vive Cristo en mí; y lo que ahora vivo en la carne, lo vivo en la fe del Hijo de Dios, el cual me amó y se entregó a sí mismo por mí.* (Gálatas 2:20)

**"La vida cristiana no consiste en luchar sino en ceder. No es un esfuerzo sino una elección que viene de nuestra unión con el Espíritu Santo."**

*Padre,… no se haga mi voluntad, sino la tuya.* (Lucas 22:42)

## Oración y declaración del Apóstol Maldonado para recibir el bautismo del Espíritu Santo

Querido amigo, permítame la oportunidad de orar por su vida, para que el fuego de la presencia de Dios pueda venir sobre usted, y pueda empezar a buscar su rostro y su fuego.

> Padre celestial, gracias por cada persona que está utilizando este diario. Yo Te pido que aquellos que nunca han sido llenos con poder a través del bautizo del Espíritu Santo con la evidencia de hablar en otras lenguas, sean llenos ahora mismo. En el nombre de Jesús, amén.

Mi consejo para usted es que abra su boca ahora y empiece a hablar las palabras que el Espíritu Santo le dé en otras lenguas. Y, en el nombre de Jesús, desato el fuego de la presencia de Dios a cualquiera que esté hambriento por ella. Declaro que usted es sumergido y encendido en este instante. ¡Recíbalo ahora y sea lleno con poder y fuego! Tenga la fe y la convicción absoluta que su fuego está ardiendo en su interior en este instante. Una vez usted sea encendido —en fuego—, vaya como un instrumento del Señor y sea un testigo de Jesús. Llame al perdido a salvación, sane a los enfermos, eche fuera demonios y libere a los cautivos. ¡Amén!

> Cuanto más nos negamos a nosotros mismos más poder manifiesta Dios a través de nosotros.

Padre celestial, en el nombre de Jesús, me humillo ante Tu presencia. Me arrepiento de mis pecados de omisión y comisión [nómbrelos específicamente], y me aparto de todo aquello que no Te da honra. Me declaro libre, y desde hoy apasionadamente Te buscaré y experimentaré Tu presencia. En el nombre de Jesús, ¡amén!

**Una herida u ofensa drena la unción. El perdón libera tanto al ofensor como al ofendido. Cuando usted perdona, desata las bendiciones de Dios a su favor.**

*Si perdonan a otros sus ofensas, también los perdonará a ustedes su Padre celestial. Pero, si no perdonan a otros sus ofensas, tampoco su Padre les perdonará a ustedes las suyas.* (Mateo 6:14–15 NVI)

## Oración de perdón

Padre celestial, vengo delante de Tu presencia reconociendo que necesito perdonar. Con todo mi corazón, me arrepiento de guardar falta de perdón hacia otra gente —y contra mí mismo—, rompiendo así Tu ley. Voluntariamente, me someto a Ti y a Tu Palabra. Yo creo que Tú estás dispuesto a perdonar mi amargura y falta de perdón, y que Cristo Jesús hizo posible esto por su muerte en la cruz. Yo recibo su obra en mi lugar, la cual me ha liberado, no sólo para ser perdonado, sino también para perdonar a otros. Jesús llevó mis pecados para que yo pudiera ser perdonado; y, ahora mismo, tomo la decisión de perdonar a las siguientes personas ____________________________ [identifique a las personas por su nombre y mencione su ofensa específicamente]. Señor, en este instante, perdono a todo aquel que me ha herido, así como Tú me has perdonado a mí y sigues perdonándome cada vez que peco contra Ti. Confío en Tu gracia sobrenatural para ser capaz de perdonar por completo y soltar a todos los que me han ofendido. Yo declaro que los he perdonado y que yo mismo he sido perdonado. Gracias Señor; en el nombre de Jesús, amén.

### Oración del Apóstol Maldonado

Padre, en el nombre de Jesús, arranco toda raíz de falta de perdón del corazón de este creyente. Lo libero de todo espíritu de odio, resentimiento, amargura, herida, ira, miedo, dolencia o enfermedad. Ato todo espíritu malo y lo echo fuera en el nombre de Jesús, para que nunca regrese. Cancelo toda asignación demoniaca, ataduras, opresión, influencias espirituales, y poder, ahora mismo, en el nombre de Jesús. El "árbol" de falta de perdón está muerto y no puede volver a dar fruto. Ahora, desato el poder de la sangre de Cristo sobre este hijo o hija de Dios. Declaro que es sano y libre, con gracia sobrenatural para perdonar por completo, y para vivir la vida que Tú planeaste para él o ella. En el nombre de Jesús, amén.

**"El creyente que quiere ser un vaso escogido para portar la gloria de Dios debe cruzar las líneas de la comodidad, la conveniencia y la razón humana."**

*Y ciertamente, aun estimo todas las cosas como pérdida por la excelencia del conocimiento de Cristo Jesús, mi Señor, por amor del cual lo he perdido todo, y lo tengo por basura, para ganar a Cristo, y ser hallado en él, no teniendo mi propia justicia, que es por la ley, sino la que es por la fe de Cristo, la justicia que es de Dios por la fe; a fin de conocerle, y el poder de su resurrección, y la participación de sus padecimientos, llegando a ser semejante a él en su muerte.* (Filipenses 3:8–10)

**Aquellos que son capaces de llevar algo real de Dios a los demás han comenzado con sacrificios, tales como ayuno, oración y búsqueda de Dios.**

*Ministrando éstos* [los profetas y maestros en Antioquía] *al Señor, y ayunando, dijo el Espíritu Santo: Apartadme a Bernabé y a Saulo para la obra a que los he llamado. Entonces, habiendo ayunado y orado, les impusieron las manos y los despidieron.* (Hechos 13:2–3)

> **La fe comienza donde la voluntad de Dios es conocida. La mayor motivación de Jesús fue hacer la voluntad de Su Padre. No permanecemos en la voluntad de Dios por accidente, sino por obediencia intencional a la revelación de Sus propósitos.**

*Mi comida es que haga la voluntad del que me envió, y que acabe su obra.* (Juan 4:34)

**“El propósito principal de la revelación es guiarnos a tener una experiencia sobrenatural en la presencia de Dios y a ser trasformados.”**

*Pido que el Dios de nuestro Señor Jesucristo, el Padre glorioso, les dé el Espíritu de sabiduría y de revelación, para que lo conozcan mejor. Pido también que les sean iluminados los ojos del corazón para que sepan a qué esperanza él los ha llamado, cuál es la riqueza de su gloriosa herencia entre los santos, y cuán incomparable es la grandeza de su poder a favor de los que creemos. Ese poder es la fuerza grandiosa y eficaz.*

(Efesios 1:17–19 NVI)

**Ningún conocimiento o revelación es nuestro hasta que es obedecido y practicado.**

*Sed hacedores de la palabra, y no tan solamente oidores, engañándoos a vosotros mismos… El que mira atentamente en la perfecta ley, la de la libertad, y persevera en ella, no siendo oidor olvidadizo, sino hacedor de la obra, éste será bienaventurado en lo que hace.*

(Santiago 1:22, 25)

“El reino de Dios es su voluntad y dominio ejercido en la tierra como es en los cielos. El reino de Dios primero debe entrar en nosotros, para que luego pueda manifestarse externamente.”

Padre celestial, yo soy Tu hijo amado. Soy un rey y sacerdote bajo Tu autoridad, que gobierno sobre el territorio que Tú me has dado en Tu reino. Soy un guerrero, lleno de Tu espíritu de fuerza para derribar todos los muros de contención de Satanás, y recibo Tu rompimiento para expandir aún más Tu reino. Vive hoy en mí, y permite que Tu Espíritu se mueva en mi vida. Permite que mi corazón siempre sea receptivo y obediente a Tu propósito y voluntad. Que venga Tu reino y se haga Tu voluntad, en la tierra como es en el cielo; en el aquí y ahora, y por toda la eternidad. ¡Amén y amén!

**"Si vamos a demostrar el amor de Dios a los demás, ese amor genuino debe morar en nosotros."**

*El amor de Dios ha sido derramado en nuestros corazones por el Espíritu Santo que nos fue dado.* (Romanos 5:5)

**“Mucha gente no quiere escuchar el mensaje, *lo quiere ver*.”**

*Y ellos, saliendo, predicaron en todas partes, ayudándoles el Señor y confirmando la palabra con las señales que la seguían.* (Marcos 16:20)

*Sed, pues, imitadores de Dios como hijos amados. Y andad en amor, como también Cristo nos amó, y se entregó a sí mismo por nosotros, ofrenda y sacrificio a Dios en olor fragante.* (Efesios 5:1–2)

**“No podemos ser luz si no estamos en fuego.”**

*Vosotros sois la luz del mundo; una ciudad asentada sobre un monte no se puede esconder. Ni se enciende una luz y se pone debajo de un almud, sino sobre el candelero, y alumbra a todos los que están en casa. Así alumbre vuestra luz delante de los hombres, para que vean vuestras buenas obras, y glorifiquen a vuestro Padre que está en los cielos.*

(Mateo 5:14–16)

**“Nuestra fidelidad y mayordomía determinan el nivel de incremento de nuestras bendiciones.”**

*Un sembrador salió a sembrar. Mientras iba esparciendo la semilla, una parte... cayó entre espinos que, al crecer, la ahogaron. Pero las otras semillas cayeron en buen terreno, en el que se dio una cosecha que rindió treinta, sesenta y hasta cien veces más de lo que se había sembrado.*

(Mateo 13:3–4, 7–8 NVI)

**Si darle a Dios le ofende, también debería ofenderle recibir de Él.**

*No os afanéis, pues, diciendo: ¿Qué comeremos, o qué beberemos, o qué vestiremos? Porque los gentiles buscan todas estas cosas; pero vuestro Padre celestial sabe que tenéis necesidad de todas estas cosas. Mas buscad primeramente el reino de Dios y su justicia, y todas estas cosas os serán añadidas.* (Mateo 6:31–33)

**“Las fortalezas mentales se forman cuando aceptamos y nos ponemos de acuerdo con argumentos, razonamientos e imaginaciones falsos. Una mente que no ha sido renovada repetirá los ciclos de pensamiento negativos.”**

*No os conforméis a este siglo, sino transformaos por medio de la renovación de vuestro entendimiento, para que comprobéis cuál sea la buena voluntad de Dios, agradable y perfecta.* (Romanos 12:2)

## Oración por la renovación de la mente

Padre celestial, gracias por la revelación que me has dado a través de Tu Palabra, acerca de cómo mi mente debe ser renovada. Hoy, quiero un cambio radical en mi vida. Me arrepiento de vivir conforme a la mentalidad de este mundo y de satisfacer la naturaleza pecaminosa. Renuncio a las influencias negativas del mundo, incluyendo la "religión" y las limitaciones del conocimiento y la razón humana. Quiero Tu mente, Señor. Quiero Tu forma de pensar. Quiero Tu mentalidad sobrenatural. Rindo mi mente y mis pensamientos a Tu poder sobrenatural, de manera que puedan ser intercambiados por Tu mente y Tus pensamientos. Por favor, renueva mi mente, de manera que pueda llegar a ser un instrumento útil en Tus manos para Tu reino, y que pueda llevar esta revelación a otras personas que están atrapadas en la misma condición en la que yo he estado. En el nombre de Jesús, Te doy gracias por escucharme y por activar Tu poder sobrenatural sobre mi vida, aquí y ahora. En el nombre de Jesús, amén.

“Tome la decisión de remover todos los límites basados en la razón humana que le haya puesto a Dios.”

*Para los hombres es imposible, mas para Dios, no; porque todas las cosas son posibles para Dios.* (Marcos 10:27)

**“La única habilidad que Dios busca en un hombre o una mujer es la disponibilidad.”**

*Oí la voz del Señor, que decía: ¿A quién enviaré, y quién irá por nosotros? Entonces respondí yo: Heme aquí, envíame a mí.* (Isaías 6:8)

**"Las transiciones se dan a luz en medio de la insatisfacción y la frustración espirituales. El hambre espiritual en su interior es evidencia de que Dios lo está llamando a una dimensión mayor."**

*Dios, Dios mío eres tú; fe madrugada te buscaré; mi alma tiene sed de ti, mi carne te anhela, en tierra seca y árida donde no hay aguas, para ver tu poder y tu gloria, así como te he mirado en el santuario.*

(Salmos 63:1–2)

## Oración de nueva entrega y consagración a Dios

Jesucristo, Tú eres Señor. Eres el Hijo de Dios y el único camino al Padre. Moriste por mis pecados y fuiste levantado de entre los muertos al tercer día. Me compraste con Tu sangre y me transferiste del reino de las tinieblas a Tu glorioso reino de luz. Tú me liberaste de la esclavitud de Satanás y me permitiste volver a nacer como hijo de Dios. Ahora me vuelvo a comprometer contigo. Estoy dispuesto a crucificar la carne y a pararme en la autoridad que me diste. Me pongo a Tu disposición. Haz conmigo lo que desees. Envíame donde Tú quieras que yo vaya. De hoy en adelante, Tú eres mi Señor, y yo, por voluntad propia, me someto a Tu reino. Todo lo que haga será en obediencia a Tu Palabra y Tu reino. Ya no me gobierno a mí mismo. Gracias por aceptar este pacto de compromiso. Sé que no soy digno, pero Tu sangre me hace digno. Soy aceptado. ¡Soy Tu hijo! Úngeme con poder para ir y expandir Tu reino, y hacer guerra contra el reino de las tinieblas y destruir las obras del malvado. Dondequiera que vaya, proclamaré y demostraré el evangelio de Tu reino a aquellos que todavía no lo han escuchado ni visto. ¡Aquí estoy, Señor, envíame a mí!

**“En el ámbito de la oración, las leyes naturales pueden detenerse, y las leyes espirituales tomar el control.”**

*Padre nuestro que estás en los cielos, santificado sea tu nombre. Venga tu reino. Hágase tu voluntad, como en el cielo, así también en la tierra.*

(Lucas 11:2)

> Los intercesores gobiernan en la tierra desde el ámbito espiritual. Declarar por fe, desde la eternidad, trae las cosas a la existencia.

Padre celestial, oro del cielo a la tierra, que es la posición que Cristo ganó para nosotros a través de Su obra en la cruz. Mi fe es ahora, y todo lo que has hablado en el cielo, yo lo hablo en la tierra. Declaro que Tus promesas y Tus poderosas obras vienen a la existencia en mi vida, en mi familia, en mi ministerio, en mi nación, en Tu iglesia, y en Tus hijos. Declaro que es Tu voluntad que Tu reino venga a la tierra. ¡Declaro que hay una gracia sobrenatural para que Tus hijos alcancen Tus promesas, expandan Tu reino y prediquen Tu evangelio en todo el mundo! Oro todo esto en el nombre que es sobre todo nombre, el nombre de Jesús. ¡Amén!

**"El nivel de revelación que una persona tenga determinará la medida de fe en que se mueva."**

*La fe es por el oír, y el oír, por la palabra de Dios.* (Romanos 10:17)

**La fe es la moneda de lo sobrenatural en el ahora.**

*La fe es la garantía de lo que se espera, la certeza de lo que no se ve.*

(Hebreos 11:1 NVI)

**“La Palabra de Dios en nuestra boca es tal como es en la boca de Dios, cuando tenemos su fe.”**

*Si permanecéis en mí, y mis palabras permanecen en vosotros, pedid todo lo que queréis, y os será hecho. En esto es glorificado mi Padre, en que llevéis mucho fruto, y seáis así mis discípulos.* (Juan 15:7–8)

**La fe actúa y se afirma en lo que Dios ha predeterminado, generando expectativa.**

[Abraham] *ante la promesa de Dios no vaciló como un incrédulo, sino que se reafirmó en su fe y dio gloria a Dios, plenamente convencido de que Dios tenía poder para cumplir lo que había prometido.*

(Romanos 4:20–21 NVI)

**“Las palabras no pueden reemplazar los hechos, ni los hechos las palabras; ambos son necesarios para demostrar el poder de Dios.”**

*Porque como el cuerpo sin espíritu está muerto, así también la fe sin obras está muerta.* (Santiago 2:26)

**“La gracia sobrenatural de Dios nos habilita para hacer lo que no podemos en nuestra propia fuerza.”**

Señor Jesús, estoy dispuesto y disponible para ir y demostrar Tu reino aquí y ahora. Te pido que me des Tu gracia sobrenatural para correr riesgos y ser osado a la hora de demostrar Tu poder y gloria. Le pido a Tu Espíritu Santo que venga sobre mí y me empodere, ahora, para hacer las obras del reino. Por fe, dondequiera que vaya —mi colegio, empleo, restaurante, un evento deportivo, el centro comercial, o cualquier otro lado— oraré por los enfermos, los oprimidos y los cautivos, y los liberaré en Tu nombre. ¡Los que no han recibido la salvación o el bautismo del Espíritu Santo lo recibirán por Tu poder! Te entrego mi voluntad y mi corazón, ahora mismo. En Tu nombre, amén.

**“La fe ‘ve’ lo invisible, cree lo increíble y recibe lo imposible.”**

*Si, pues, habéis resucitado con Cristo, buscad las cosas de arriba, donde está Cristo sentado a la diestra de Dios. Poned la mira en las cosas de arriba, no en las de la tierra.* (Colosenses 3:1–2)

**“La única forma de llegar a una dimensión más alta es aprendiendo de sus errores.”**

[Jesús] *dijo: Ven. Y descendiendo Pedro de la barca, andaba sobre las aguas para ir a Jesús. Pero al ver el fuerte viento, tuvo miedo; y comenzando a hundirse, dio voces, diciendo: ¡Señor, sálvame! Al momento Jesús, extendiendo la mano, asió de él, y le dijo: ¡Hombre de poca fe! ¿Por qué dudaste?* (Mateo 14:29–31)

**"Una de las más pequeñas creaciones de Dios es una semilla, la cual tiene el potencial de crecer hasta convertirse en un gran árbol. Todo lo que Dios crea tiene el potencial de crecer y multiplicarse."**

*El reino de los cielos es como un grano de mostaza que un hombre sembró en su campo. Aunque es la más pequeña de todas las semillas, cuando crece es la más grande de las hortalizas y se convierte en árbol, de modo que vienen las aves y anidan en sus ramas.* (Mateo 13:31–32 NVI)

**“Cuando ocurre un rompimiento espiritual, nuestra vieja mentalidad de limitación cambia a una mentalidad de expansión.”**

*Ensancha el sitio de tu tienda, y las cortinas de tus habitaciones sean extendidas; no seas escasa; alarga tus cuerdas, y refuerza tus estacas.*

(Isaías 54:2)

**“Cada milagro y sanidad que Jesús hizo fue motivado por la compasión.”**

*Cuando Jesús llegó a la entrada de la aldea, salía una procesión fúnebre. El joven que había muerto era el único hijo de una viuda... Cuando el Señor la vio, su corazón rebosó de compasión. "No llores", le dijo. Luego se acercó al ataúd y lo tocó y los que cargaban el ataúd se detuvieron. "Joven"—dijo Jesús—, te digo, levántate". ¡Entonces el joven muerto se incorporó y comenzó a hablar! Y Jesús lo regresó a su madre.*

(Lucas 7:12–15 NTV)

**“Por medio de la cruz, Jesús le infligió a Satanás una derrota total, permanente, eterna e irrevocable.”**

*Y despojando a los principados y a las potestades, los exhibió públicamente, triunfando sobre ellos en la cruz.* (Colosenses 2:15)

**“Todo creyente tiene poder y autoridad sobre Satanás y sus obras.”**

*Y* [Jesús] *les dijo: Yo veía a Satanás caer del cielo como un rayo. He aquí os doy potestad de hollar serpientes y escorpiones, y sobre toda fuerza del enemigo, y nada os dañará.* (Lucas 10:18–19)

**La sanidad es un derecho legal del creyente para él y para impartírselo a otros.**

*Él herido fue por nuestras rebeliones, molido por nuestros pecados; el castigo de nuestra paz fue sobre él, y por su llaga fuimos nosotros curados.*

(Isaías 53:5)

**El propósito de un rompimiento espiritual es la expansión del reino. Sanidades, milagros, señales, maravillas y expulsión de demonios, son claves para expandir el reino en la tierra.**

*Y respondiendo Jesús, les dijo: Id, haced saber a Juan lo que habéis visto y oído: los ciegos ven, los cojos andan, los leprosos son limpiados, los sordos oyen, los muertos son resucitados, y a los pobres es anunciado el evangelio.* (Lucas 7:22)

*Si yo por el Espíritu de Dios echo fuera los demonios, ciertamente ha llegado a vosotros el reino de Dios.* (Mateo 12:28)

**La oración es el lugar donde obtenemos mayor nivel de poder para enfrentar demonios de mayor rango.**

*Viniendo entonces los discípulos a Jesús, aparte, dijeron: ¿Por qué nosotros no pudimos echarlo* [el demonio] *fuera? Jesús les dijo: Por vuestra poca fe; porque de cierto os digo, que si tuviereis fe como un grano de mostaza, diréis a este monte: Pásate de aquí allá, y se pasará; y nada os será imposible. Pero este género no sale sino con oración y ayuno.*

(Mateo 17:19–21)

> **El enemigo busca infiltrarse en una mente que aún no ha decidido creer o comprometerse con lo que Dios ha dicho.**

*Pero que pida con fe, sin dudar, porque quien duda es como las olas del mar, agitadas y llevadas de un lado a otro por el viento. Quien es así no piense que va a recibir cosa alguna del Señor; es indeciso e inconstante en todo lo que hace.* (Santiago 1:6–8 NVI)

**“La condición para subyugar a Satanás y a sus demonios es permanecer en el poder y autoridad sobrenaturales.”**

*Cuando un hombre fuerte y bien armado cuida su hacienda, sus bienes están seguros. Pero, si lo ataca otro más fuerte que él y lo vence, le quita las armas en que confiaba y reparte el botín.* (Lucas 11:21–22 NVI)

## Oración para ser libre de maldiciones generacionales

Padre celestial, yo Te alabo y Te adoro. Gracias por Jesucristo y por Su obra terminada en la cruz. Yo reconozco que Jesús pagó el precio por mi rebelión y mis transgresiones para que yo pudiera ser libre de la maldición de la iniquidad. Hoy, voy a la cruz a tomar todas las bendiciones que Cristo ganó legalmente.

Señor Jesús, yo creo que Tú eres el Hijo de Dios y el único camino al cielo. Creo que Tú moriste por mis pecados y Te levantaste de la muerte. Como dice en Gálatas, "Te hiciste maldición" en la cruz para que yo fuera redimido de la maldición de la caída y todas sus ramificaciones. Yo recibo mi bendición, y de ahora en adelante, me comprometo a obedecer Tu Palabra y seguirte todos los días de mi vida, conforme al poder del Espíritu Santo. Te pido perdón por cada pecado cometido por mis antepasados que me ha traído una maldición generacional [mencione todas las maldiciones generacionales que ha identificado: enfermedad, depresión, alcoholismo, adulterio, suicidio, muerte prematura, y cualquier otra cosa]. También suelto a todo aquel que me ha hecho daño o ha hecho un mal contra mí. Los perdono tal como Tú me perdonaste a mí.

Padre celestial, yo renuncio a toda participación que haya tenido en la práctica de brujería, el ocultismo y la idolatría, así como a cualquier ligadura del alma o conexión espiritual con otros que han practicado estas cosas. Si poseo algún objeto que esté conectado con estas prácticas, prometo destruirlo de inmediato. Ahora Señor, tomo la autoridad y el poder que me has dado, como Tu hijo, y me libero de toda maldición que haya venido a mí. Reprendo y echo fuera todo demonio detrás de cada maldición. Remuevo toda iniquidad de mi interior y me declaro libre. Hoy, por la sangre de Cristo, soy liberado de todas las maldiciones generacionales; en el nombre de Jesús. ¡Amén!

**“La maldición que surgió de la caída de la raza humana incluye pecado, enfermedad y pobreza. Estar bajo maldición es ser espiritualmente empoderado para fracasar. Ser bendecido es ser empoderado sobrenaturalmente para prosperar y tener éxito contra toda probabilidad o adversidad.”**

*Bendito sea el Dios y Padre de nuestro Señor Jesucristo, que nos bendijo con toda bendición espiritual en los lugares celestiales en Cristo.*

(Efesios 1:3)

> **La bendición de Dios tiene el poder para acelerarnos en toda área de la vida y para llevarnos a bendecir a otros.**

*El* Señor *le dijo a Abram:… "Haré de ti una nación grande, y te bendeciré; haré famoso tu nombre, y serás una bendición."*

(Génesis 12:1–2 NVI)

**"El Espíritu Santo va donde es bienvenido, se queda donde es reconocido, y se mueve donde se le da libertad."**

Espíritu Santo, te cedo espacio para que te muevas con libertad en mi vida.

**El único movimiento capaz de generar transformación en la sociedad es el derramar de la gloria de Dios.**

*Vi yo al Señor sentado sobre un trono alto y sublime, y sus faldas llenaban el templo. Por encima de él había serafines; cada uno tenía seis alas; con dos cubrían sus rostros, con dos cubrían sus pies, y con dos volaban. Y el uno al otro daba voces, diciendo: Santo, santo, santo, Jehová de los ejércitos; toda la tierra está llena de su gloria.* (Isaías 6:1–3)

**El poder y la gloria de Dios sólo podrán experimentarse a medida que usted va *'por todo el mundo'*. (Vea Marcos 16:15).**

Padre celestial, en el nombre de Jesús, Te pido que me uses como un vaso de barro escogido para manifestar Tu gloria a medida que vivo mi vida. Te pido que desates el fuego de Tu presencia en mí, ahora mismo, de manera que nunca más vuelva a ser un cristiano pasivo, sino uno activo y atrevido. Señor, dame denuedo. Permite que Tu gloria esté sobre mí, todos los días de mi vida. Quiero ser parte del remanente que Tú estás levantando para manifestar la gloria postrera. La recibo ahora mismo, y voy a mi "mundo", en el nombre de Jesús. ¡Amén!

**"En el mover de la gloria postrera, el creyente más débil será como David, y la iglesia unida en Cristo será como Dios."**

*Mas a Dios gracias, el cual nos lleva siempre en triunfo en Cristo Jesús, y por medio de nosotros manifiesta en todo lugar el olor de su conocimiento.*

(2 Corintios 2:14)

**“La vida de resurrección que fluye a través de nosotros es sobrenatural por naturaleza y origen. Los milagros, señales, maravillas y la resurrección de muertos debería ser la norma para nosotros.”**

Padre celestial, reconozco que el poder de la resurrección está disponible y activo a través de mí, dondequiera que voy. ¡Todo lo puedo en Cristo que me fortalece! Nada es imposible para mí, como nada es imposible para Dios. En la tierra, soy una extensión del Cristo resucitado, decidido a avanzar Su reino. Él vive y yo vivo de acuerdo a Su vida y a Su fe. ¡Amén!

**“La orden de Cristo fue *‘velar y orar’*. Debemos velar y orar hasta que Él regrese.”**

[Jesús dijo:] *"¿No pudieron velar conmigo ni siquiera una hora? Velen y oren para que no cedan ante la tentación, porque el espíritu está dispuesto, pero el cuerpo es débil".* (Mateo 26:40–41 NTV)

*Orando en todo tiempo con toda oración y súplica en el Espíritu, y velando en ello con toda perseverancia y súplica por todos los santos.* (Efesios 6:18)

> **El diablo solo puede atacar la vida de alguien que no está velando, porque todo aquello que anticipemos, lo podemos prevenir.**

*Sed sobrios, y velad; porque vuestro adversario el diablo, como león rugiente, anda alrededor buscando a quien devorar; al cual resistid firmes en la fe, sabiendo que los mismos padecimientos se van cumpliendo en vuestros hermanos en todo el mundo.* (1 Pedro 5:8–9)

## Oración por liberación de la opresión demoníaca

Esta lista de condiciones le ayudará a ser libre de toda opresión demoníaca operando en su mente, voluntad y emociones. Para recibir liberación —y mantenerse libre— usted debe:

- Tener una revelación personal de Jesús como Señor y Salvador.
- Humillarse ante Dios (los que se niegan a humillarse no deben continuar con la liberación).
- Confesar todos los pecados de omisión y comisión.
- Arrepentirse de todo corazón.
- Elegir perdonar a todos los que lo han ofendido.
- Desear desesperadamente su liberación de la opresión del enemigo.
- Romper todo pacto que haya hecho con lo oculto a través de la brujería, santería, o cualquier otra religión o secta falsa.
- Creer, confesar y recibir, por fe, el intercambio divino que se llevó a cabo en la cruz de Cristo.
- Exhalar para que todo espíritu malo salga de su cuerpo.

Puede usar la siguiente oración como una guía. Esto le ayudará a no olvidar algún aspecto importante de la liberación.

> Señor, creo que eres el Hijo de Dios, y que moriste en la cruz por mis pecados; que fuiste resucitado de los muertos para que yo fuera perdonado y pueda recibir la vida eterna. Ahora mismo, me apropio de Tu obra y renuncio a toda auto-justificación religiosa y cualquier otra sensación de orgullo que no viene de Ti. Te pido misericordia y gracia, sabiendo que no tengo nada de que jactarme. De todo corazón, me arrepiento y confieso todos los pecados que he cometido, al igual que todo lo que debí haber hecho y no hice. Elijo terminar con mi estilo de vida de pecado para poder tener una nueva vida en Ti. Voluntariamente, tomo la decisión de seguirte. Perdono a todos los que me han herido y han querido hacerme daño. Renuncio y suelto toda falta de perdón, amargura, odio y resentimiento. Específicamente perdono a [mencione los nombres de las personas que lo lastimaron] y pido Tu gracia sobrenatural para perdonarlos.
>
> Renuncio a todo pacto que hice con lo oculto, incluyendo la brujería, adivinación, falsas doctrinas o religión. También me comprometo a

destruir todo objeto en mi hogar y oficina que esté asociado a lo oculto y la idolatría.

Señor Jesús, gracias por tomar mi maldición en la cruz para que yo pudiera recibir Tu bendición. Soy redimido y libre en Tu nombre. Me paro juntamente contigo en contra de Satanás y sus demonios. Renuncio a las maldiciones que he visto que operan en mi vida [mencione todas las maldiciones generacionales que ha identificado: enfermedad, depresión, alcoholismo, adulterio, suicidio, muerte prematura, y cualquier otra cosa]. Ahora recibo Tu bendición. Resisto al diablo y me someto a Ti. Le ordeno a todo demonio que ha controlado mi vida, salud, finanzas y familia, que salga, ¡ahora mismo! Los echo fuera, en el nombre de Jesús. ¡Soy libre!

**“El bautismo con el Espíritu Santo ocurre una vez, pero la llenura debe repetirse tantas veces como la necesitemos. Mientras sirvamos a Dios, siempre tendremos la necesidad de ser llenos y permanecer llenos de Él.”**

Padre celestial, he estado peleando contra el enemigo, sembrando, orando por los enfermos, y predicando la Palabra, pero ha pasado un largo tiempo desde la última vez que fui lleno de Tu Espíritu. Mi espíritu ha estado goteando y hoy necesito que me llenes otra vez. Te pido en el nombre de Jesús una llenura fresca, porque necesito desesperadamente ser lleno con el Espíritu Santo. Amén.

“Una persona cuya imaginación está basada en la fe vive cada día con una nueva expectativa.”

*Pedro, con Juan, fijando en él los ojos, le dijo: Míranos. Entonces él les estuvo atento, esperando recibir de ellos algo. Mas Pedro dijo: No tengo plata ni oro, pero lo que tengo te doy; en el nombre de Jesucristo de Nazaret, levántate y anda.* (Hechos 3:4–6)

**Usted no puede cargar un avivamiento del que no participa. ¡Por eso necesita saltar al río del Espíritu!**

*El que bebiere del agua que yo le daré, no tendrá sed jamás; sino que el agua que yo le daré será en él una fuente de agua que salte para vida eterna.* (Juan 4:14)

*El Espíritu y la novia dicen: "¡Ven!"; y el que escuche diga: "¡Ven!" El que tenga sed, venga; y el que quiera, tome gratuitamente del agua de la vida.* (Apocalipsis 22:17 NVI)

### Oración y declaración de bendición del Apóstol Maldonado

Como un apóstol, pastor y padre espiritual en la iglesia de Jesucristo, yo quiero bendecirlo. Reciba esta oración y declaración:

> Padre celestial, vengo delante de Ti a través de Tu Hijo Jesucristo. Gracias por las muchas bendiciones que me has dado para que pueda ser de bendición para otros. Lo que de gracia me has dado, de gracia les doy. Por tanto, digo a este creyente, a quien Tú amas: "Yo remuevo toda maldición y palabra negativa que haya sido hablada contra tu vida. Y ahora, como una autoridad en la iglesia de Cristo, yo desato la bendición de Dios sobre tu vida, y te declaro empoderado para prosperar. Declaro que todo lo que toques será bendito, y que el favor y la gracia de Dios te acompañarán. Yo declaro que tendrás éxito más allá de cualquier circunstancia adversa o difícil. Que el Señor desate sobre ti todas las bendiciones que Jesús ganó en la cruz. Yo declaro que eres bendecido con salud en tu cuerpo, salud en tu mente y salud en tu alma. Serás fructífero y te multiplicarás dondequiera que vayas. Contra toda probabilidad, declaro que eres bendito y próspero". En el nombre de Jesús. ¡Amén!

A menos que se indique lo contrario, todas las citas bíblicas han sido tomadas de la versión *Santa Biblia, Reina-Valera* 1960, © 1960 Sociedades Bíblicas en América Latina; © renovado 1988 Sociedades Bíblicas Unidas. Usadas con permiso. Las citas bíblicas marcadas (NVI) han sido tomadas de la *Santa Biblia, Nueva Versión Internacional*, NVI®, © 1986, 1999, 2015 por Biblica, Inc.® Usadas con permiso. Todos los derechos reservados en todo el mundo. Las citas bíblicas marcadas (NTV) han sido tomadas de la *Santa Biblia, Nueva Traducción Viviente*, © 2008, 2009, 2010 Tyndale House Foundation. Usadas con permiso de Tyndale House Publishers, Inc., Wheaton, Illinois 60189. Todos los derechos reservados.

Las formas *Señor* y *Dios* (escritas en mayúsculas pequeñas) en las citas bíblicas, aluden al nombre hebreo de Dios *Yahweh* (*Jehová*), mientras que Señor y Dios escrito normalmente indican el nombre Adonai, según la versión de la Biblia usada.

Este diario contiene fragmentos de los siguientes libros del Apóstol Guillermo Maldonado: *Oración de rompimiento, Cómo caminar en el poder sobrenatural de Dios, La gloria de Dios, El reino de poder, Transformación sobrenatural, Liberación sobrenatural,* y *Encuentro divino con el Espíritu Santo.* Todos los fragmentos © Guillermo Maldonado. Todos los derechos reservados.

**Diario de rompimiento sobrenatural**

Guillermo Maldonado
14100 SW 144th Ave.
Miami, FL 33186
Ministerio Internacional El Rey Jesús / ERJ Publicaciones
www.elreyjesus.org
www.ERJPub.org

ISBN: 978-1-64123-164-0
Impreso en los Estados Unidos de América


Whitaker House
1030 Hunt Valley Circle
New Kensington, PA 15068
www.whitakerhouse.com



1 2 3 4 5 6 7 8 9 10 11 25 24 23 22 21 20 19 18

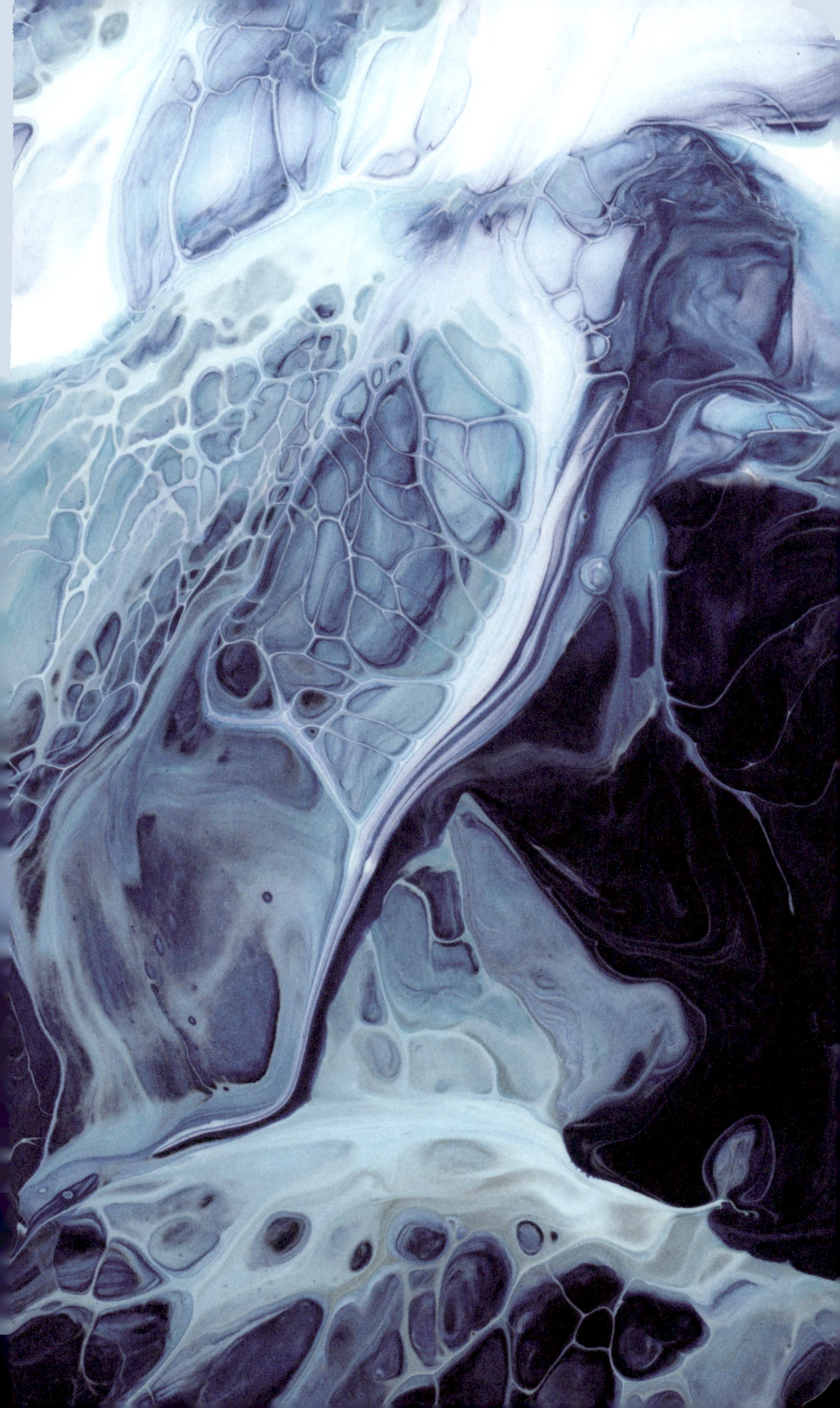